Jeanne Ruland

Mein Rauhnacht Tagebuch

ISBN 978-3-8434-1348-0

Jeanne Ruland
Mein Rauhnacht-Tagebuch

Umschlag: Silja Bernspitz, Schirner, unter Verwendung von #234655630 (Sugarless), #298809653 (Shumo4ka), #757130365 (Mikhail H), #765195808 (Woskresenskiy), #777642277 (LedyX), #553084324 (Anastasia Sergeeva), #279532562 (Skokan Olena), www.shutterstock.com
Layout: Anke Müller & Elena Lebsack, Schirner
Lektorat: Kerstin Noack & Alina Machka, Schirner
Printed by: Ren Medien GmbH, Germany

www.schirner.com

3. Auflage November 2022

Dieses Rauhnachttagebuch

für das Jahr ....

gehört ....

Persönliche Widmung / Segnung

Bei Verlust bitte an folgende Adresse senden:

VORWORT

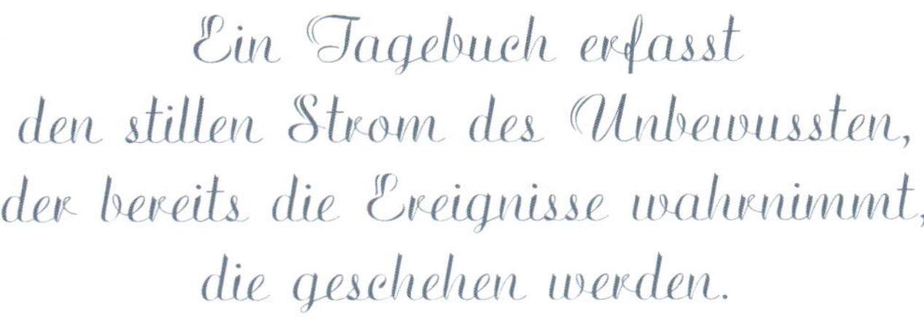

Ein Tagebuch erfasst
den stillen Strom des Unbewussten,
der bereits die Ereignisse wahrnimmt,
die geschehen werden.

Dieses wunderschön gestaltete Rauhnachttagebuch möchte dich auf dem Torweg zwischen den Zeiten vom alten in das neue Jahr begleiten. Mit diesem Büchlein kannst du dich sammeln, Jahresbilanz ziehen, dich neu ausrichten, dich auf das neue Jahr einstellen und die Träume und Ereignisse, die in den symbolträchtigen Nächten und am Tage geschehen, niederschreiben.

In den Rauhnächten bildet sich der Lichtsame für das neue Jahr. Ereignisse, Träume und Geschehnisse in dieser Zeit haben eine tiefere Bedeutung. Indem du Tag für Tag aufschreibst, was du erlebst, erschaffst du auf kreative Weise einen persönlichen und einzigartigen Leitfaden für das kommende Jahr, den du immer wieder zur Hand nehmen kannst.

Manches kannst du vielleicht jetzt noch nicht deuten. Wenn du deine Notizen später nochmals durchgehst, ergibt jedoch meistens alles Sinn. Durch das Schreiben eines Tagebuchs lernst du dich selbst kennen. Du lernst, wortlose und stille Ereignisse über das Schreiben in dein Bewusstsein zu holen und dir selbst zu vertrauen.

Dieses Tagebuch ist für Rauhnachtkenner gedacht, die ein kleines Tagebüchlein speziell für die Rauhnächte suchen. Es basiert auf meinem 2016 erschienenen Buch »Mein Rauhnacht-Begleiter«, das viele umfassende Informationen rund um die Rauhnächte wie Tierkreiszeichen und Jahresregenten, den Einfluss des Mondes in den Rauhnächten, Hinweise zum Räuchern und Reinigen, Orakeln, zum Träumen und zur Traumverschiebung sowie Impulse zu jeder Rauhnacht enthält. Wer den Begleiter bereits besitzt oder die Rauhnächte schon ein paarmal bewusst begangen hat, für den ist dieses Tagebüchlein ideal.

In diesem Sinne wünsche ich dir magische und spannende Rauhnächte, großartige Erkenntnisse und viel Segen im neuen Jahr.

IN LIEBE

Jeanne Ruland

Jahressegnung

Der Segen ist immer da! Alle Meisterinnen, Meister, Engel und Lichtwesen der höheren Sphären segnen immerzu. Wir können uns in diesem Segen ausrichten und ihn in das neue Jahr lenken.
Nimm den Segensstrom des Universums wahr, und konzentriere dich nacheinander auf die einzelnen Monate des neuen Jahres. Notiere Gefühle, Farben, Impulse, Bilder und Eingebungen.*

Januar

....

....

....

....

....

....

....

Februar

....

....

....

....

....

....

....

* Wenn du hierzu eine Anleitung oder Führung wünschst, so findest du sie auf meiner CD »Rauhnächte – Vorbereitung und Segnung für das neue Jahr«.

März

April

Mai

Juni

Juli

August

September

Oktober

November

Dezember

Vorbereitung AUF DIE RAUHNÄCHTE

Jahresabschlussbilanz – Reflexion des alten Jahres

Segenspunkte – Was habe ich in diesem Jahr gut gemacht?
(Wünsche, die in Erfüllung gegangen sind; Ziele, die ich erreicht habe; Frieden, Gesundheit, Glück, Freude, Freundschaften …)

Welche Projekte habe ich begonnen, durchgezogen und abgeschlossen? (beruflich, privat; Hausbau, Garten …)

Was ist noch offen? – Was nehme ich mit in das neue Jahr?
(Rechnungen, Gespräche, Versicherungen, Schulden, Fortbildungen, Ausbildungen, Abschlüsse …)

Was waren die Herausforderungen in diesem Jahr?
(Krankheiten, Hindernisse, unerwartete Ereignisse …)

Welche Lektionen gab es? Was habe ich daraus gelernt?
(z. B.: Aus dem Konflikt mit … habe ich gelernt, nicht mehr so viel zu versprechen …)

Was ist noch offen? Was darf noch geklärt, abgeschlossen werden?

(Steuererklärung, Vertragsregelung, Notartermine …)

Was möchte ich im alten Jahr lassen?

(Lösen aus den Bindungen von …)

Welche Erkenntnisse haben mir meine Reisen im alten Jahr gebracht?

(z. B. Ägypten: Erkenntnis: …; Österreich: Erkenntnis: …)

Geburten:

(Datum: …; Name: …; Was mich besonders bewegt hat: …)

Hochzeiten:

(Datum: …; Namen: …; Was mich besonders bewegt hat: …)

Abschied & Tod:

(Datum: …; Name: …; Was mich besonders bewegt hat: …)

Einstimmung in das neue Jahr

Jahresregent:..(z. B. Sonne)

Chinesisches Zeichen:..(z. B. Drache)

Mein neues Jahresmotto:
(z. B. Pono – flexibel sein; Erfahrung, Wachstum, Beitrag; alles leichter und mit Humor sehen)

....

....

....

....

....

....

....

....

....

....

....

....

Geplante Projekte:

(z. B. Hausbau, Umzug, neue Ausbildung …)

Fort- und Weiterbildungen . . . geplante Reisen – Besonderheiten:

(z. B. USA, Visum rechtzeitig beantragen …)

Welche Samen möchte ich in den Rauhnächten für das neue Jahr säen?

(Wünsche, Visionen, Vorstellungen, Träume …)

Tikis – Spirits – Das geistige Team

Krafttier

Welches Kraft- oder Helfertier ist in diesem Jahr wichtig?

Naturwesen/Elemente

Welche Naturkräfte sind besonders stark?
Welche Elemente sind vorherrschend?

Pflanzenmedizin

Welche Pflanzenverbündeten begleiten mich?

Engel

Welche Engel begleiten mich?

Edelstein

Welche Edelsteine sind von Bedeutung?

Heiler/Heilerin

Welche Heilkräfte sind tätig?

Symbol

Welche Symbole begleiten, schützen, stärken mich?

Lehrer/Lehrerin

Welche Geistführer begleiten mich?

Meister/Meisterin

Welcher Meister, welche Meisterin ist an meiner Seite?

Kraftsymbol/Kraftgegenstand

Welchen Gegenstand erhalte ich von der Geistigen Welt?

Kraftort

Welche Orte, Plätze, Reisen sind für mich wichtig?

Segen/Geschenk/Vision/Aufgabe:

Motto des neuen Jahres:

Sonstiges – Anmerkungen:

DIE RAUHNÄCHTE –

Der Torweg in das neue Jahr

1. RAUHNACHT

24.12. / 25.12.

25. Dezember
1. Weihnachtstag

Steht für den Monat: **Januar**

Namenstag: Anastasia –
Der Name Anastasia bedeutet
›die Auferstehende‹.
Thema: **Basis – Grundlage**

Die Weihnachtszeit ist die Zeit, in der Wünsche wahr werden können. Nimm dir heute Zeit zu säen: Was möchtest du im neuen Jahr hervorbringen? Was möchtest du verwirklichen? Welche Samen möchtest du säen? Lasse die Lichtsamen aus dem geistigen Raum tief in dich hineinsinken, damit sie zu gegebener Zeit aufgehen können.

1. Rauhnacht

Besonderheiten:

(z. B. Mondstand in welchem Zeichen …)

Traumerinnerung – Meditation:

(z. B. unruhig geschlafen; gefröstelt und gefroren; geträumt von …; in der Meditation … erlebt)

1.

Tagesqualität:

(Wetter, Stimmung, Gefühl)

1.

Tagesorakel*:

Tagesereignisse:

(z. B. ein besonderes Festessen zubereitet, Gedanken, Impulse …)

* Wenn du möchtest, nutze hierzu mein Kartenset »Mein Rauhnacht-Orakel«.

Menschen, Tiere, Pflanzen, mit denen ich heute in Kontakt war:

(z. B. während eines Waldspaziergangs einen Fuchs gesehen …)

1.

Zeichen:

(Symbole, Anrufe, innere Gedanken …)

Positive Impulse, negative Impulse:

Samen, den ich heute säe:

Wunder des Tages:

1.

Sonstiges:

2. RAUHNACHT

25.12. / 26.12.

Lasse heute deine Visionen, Träume und Gebete fliegen, damit sie Energie aus dem Universum anziehen können.

26. Dezember
2. Weihnachtstag

Steht für den Monat: **Februar**

Namenstag: Stephan –
Dieser Tag ist ebenfalls dem heiligen Joseph gewidmet, dem liebevoll göttlichen, väterlichen Prinzip.

Thema: **Verbindung zum Höheren Selbst**

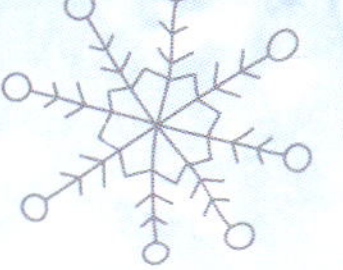

2. Rauhnacht

Besonderheiten:

(z. B. Mondstand in welchem Zeichen …)

Traumerinnerung – Meditation:

(z. B. unruhig geschlafen; gefröstelt und gefroren; geträumt von … ; in der Meditation … erlebt)

Tagesqualität:

(Wetter, Stimmung, Gefühl)

2.

Tagesorakel:

Tagesereignisse:

(z. B. eine positive Nachricht erhalten, Gedanken, Impulse …)

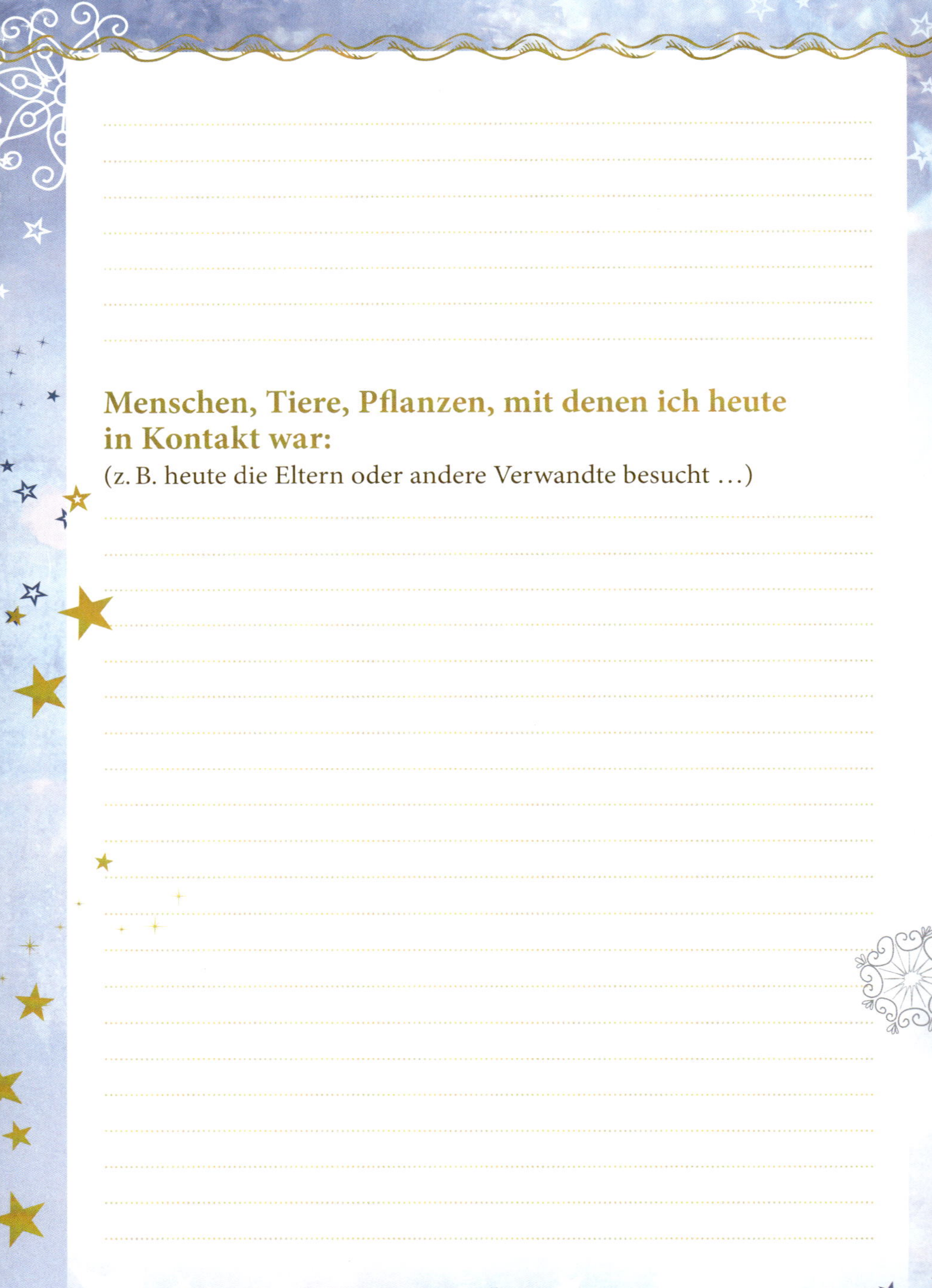

Menschen, Tiere, Pflanzen, mit denen ich heute in Kontakt war:

(z. B. heute die Eltern oder andere Verwandte besucht …)

Zeichen:
(Symbole, Anrufe, innere Gedanken …)

Positive Impulse, negative Impulse:

2.

Samen, den ich heute säe:

Wunder des Tages:

Sonstiges:

3. RAUHNACHT

26.12. / 27.12.

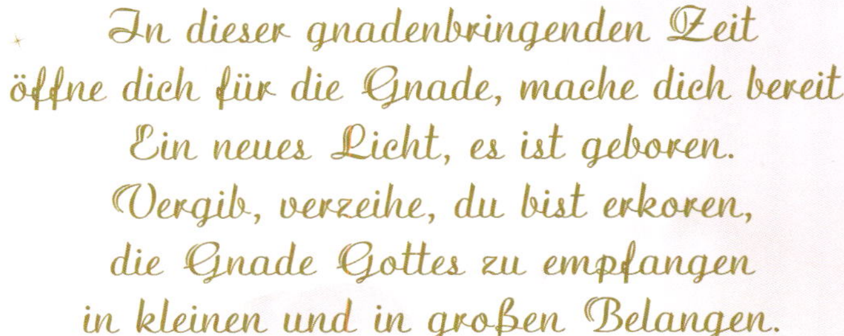

Heute kannst du dich neu ausrichten. Lade die Gnade ein. Fühle Gnade in dir und die Einheit allen Seins. Berühre alles in deinem Leben, was dir an Themen und in Beziehungen hartnäckig und schwer erscheint, mit dem sanften, silbern schimmernden Strahl der Gnade.

3. Rauhnacht

Besonderheiten:

(z. B. Mondstand in welchem Zeichen …)

Traumerinnerung – Meditation:

(z. B. erholsam geschlafen; in der Meditation … erlebt)

Tagesqualität:

(Wetter, Stimmung, Gefühl)

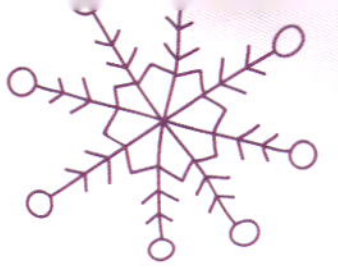

3.

Tagesorakel:

Tagesereignisse:

(z. B. Anruf erhalten, Gedanken, Impulse …)

Menschen, Tiere, Pflanzen, mit denen ich heute in Kontakt war:

(z. B. heute überraschenderweise eine frühere Bekannte getroffen …)

3.

Zeichen:

(Post, Symbole, Anrufe, innere Gedanken …)

Positive Impulse, negative Impulse:

Samen, den ich heute säe:

Wunder des Tages:

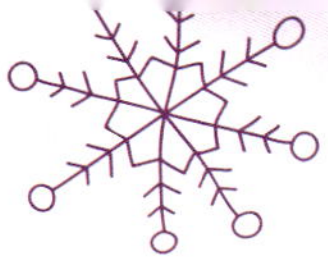

Sonstiges:

4. RAUHNACHT

27.12. / 28.12.

Violettes Feuer, wandle, wandle, wandle,
transformiere alles ins Licht,
bis es dem göttlichen Plan entspricht.

Alte Muster, Gewohnheiten, Überzeugungen, destruktive Denkweisen und Handlungen wirken dem neugeborenen, reinen, unschuldigen Licht entgegen. Betrachte am heutigen Tag die zurückliegenden Tage, und reinige Äußerungen, Träume und Muster, die dich in dieser Zeit eingeholt haben, mit dem violetten Feuer.

28. Dezember

Tag der unschuldigen Kinder,
Tag der Heiligen

Steht für den Monat: **April**

Thema: **Umwandlung und Bereinigung**

4. Rauhnacht

Besonderheiten:

(z. B. Mondstand in welchem Zeichen …)

Traumerinnerung – Meditation:

(z. B. unruhig geschlafen; geschwitzt; einen Albtraum gehabt; geträumt von … ; in der Meditation … erlebt)

Tagesqualität:
(Wetter, Stimmung, Gefühl)

Tagesorakel:

4.

Tagesereignisse:

(z. B. einen besonderen Brief erhalten, Gedanken, Impulse …)

Menschen, Tiere, Pflanzen, mit denen ich heute in Kontakt war:

(z. B. während eines Spaziergangs eine alte Eiche bewundert)

Zeichen:

(Post, Symbole, Anrufe, innere Gedanken …)

Positive Impulse, negative Impulse:

Samen, den ich heute säe:

Wunder des Tages:

Sonstiges:

4.

5. RAUHNACHT
28.12. / 29.12.

Verbringe heute Zeit mit jemandem,
den du ***liebst.***
Lebe und pflege deine
Herzensverbindungen!

Diese Rauhnacht steht für Beziehungen, Freundschaften und Partnerschaften. Jetzt ist eine wunderbare Gelegenheit, das Feld zu reinigen, alte Verbindungen zu stärken, zu lösen oder neu auszurichten und neue Verbindungen ins Leben zu rufen.

29. Dezember

Steht für den Monat: **Mai**

Namenstag: Thomas

Thema: **Freundschaft**

5. Rauhnacht

Besonderheiten:

(z. B. Mondstand in welchem Zeichen …)

Traumerinnerung – Meditation:

(z. B. gut geschlafen; geträumt von … ; in der Meditation … erlebt)

Tagesqualität:
(Wetter, Stimmung, Gefühl)

Tagesorakel:

Tagesereignisse:

(z. B. verschlafen, im Stau gestanden, Gedanken, Impulse …)

Menschen, Tiere, Pflanzen, mit denen ich heute in Kontakt war:

(z. B. heute ein Rotkehlchen beobachtet …)

5.

Zeichen:

(Post, Symbole, Anrufe, innere Gedanken …)

Positive Impulse, negative Impulse:

Samen, den ich heute säe:

Wunder des Tages:

Sonstiges:

6. RAUHNACHT
29.12. / 30.12.

Klären, bereinigen, räuchern auf allen Ebenen des Seins …

Heute ist ein guter Tag, um Wohnung, Haus und Hof zu räuchern und die Vorbereitungen für den Jahreswechsel zu treffen.

6. Rauhnacht

Besonderheiten:

(z. B. Mondstand in welchem Zeichen …)

Traumerinnerung – Meditation:

(z. B. ruhig geschlafen; geträumt von … ; in der Meditation … erlebt)

6.

6.

Tagesqualität:
(Wetter, Stimmung, Gefühl)

Tagesorakel:

Tagesereignisse:

(z. B. unerwartet ein Paket erhalten, Gedanken, Impulse …)

6.

Menschen, Tiere, Pflanzen, mit denen ich heute in Kontakt war:

(z. B. heute ein Eichhörnchen gesehen …)

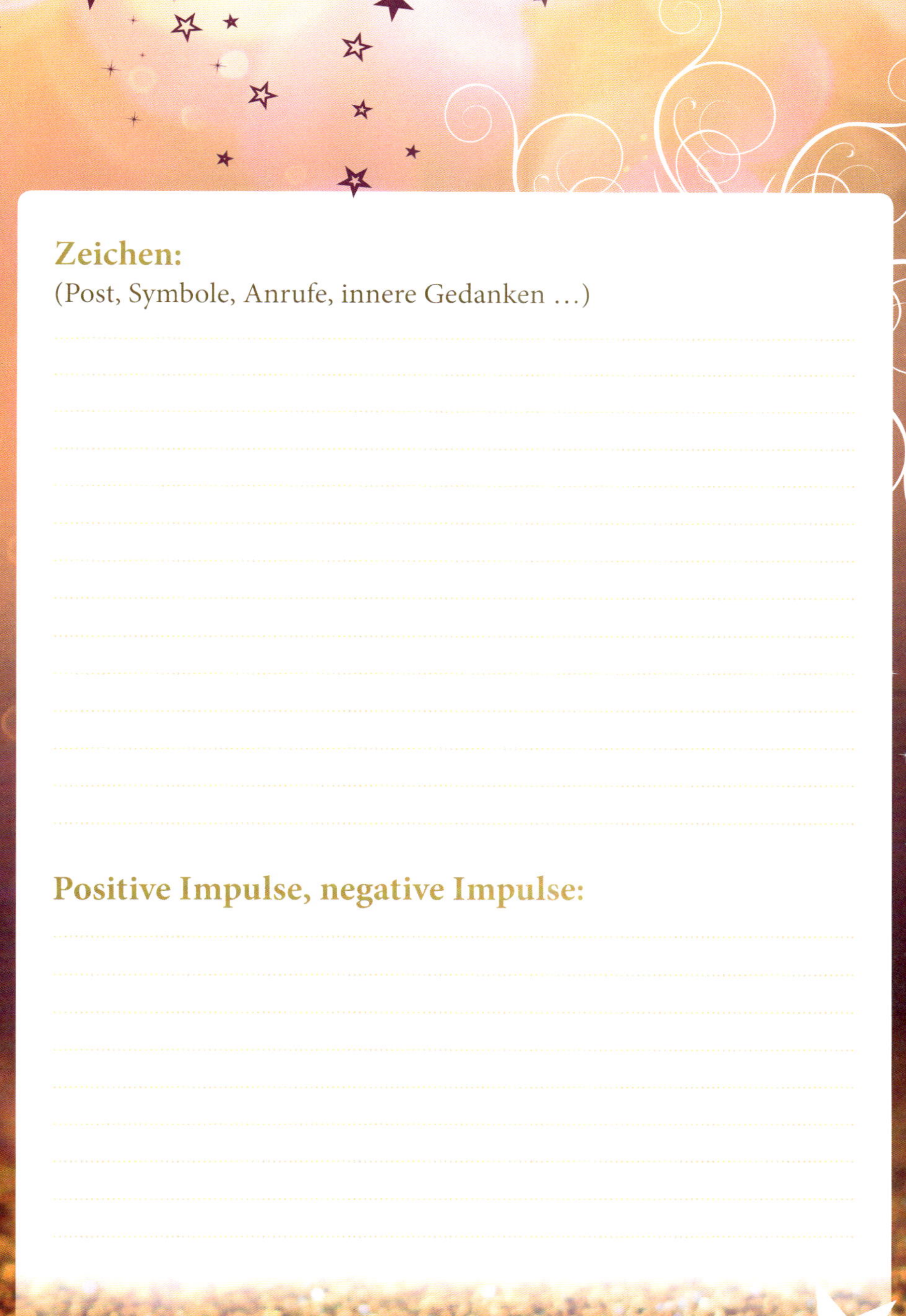

Zeichen:

(Post, Symbole, Anrufe, innere Gedanken …)

Positive Impulse, negative Impulse:

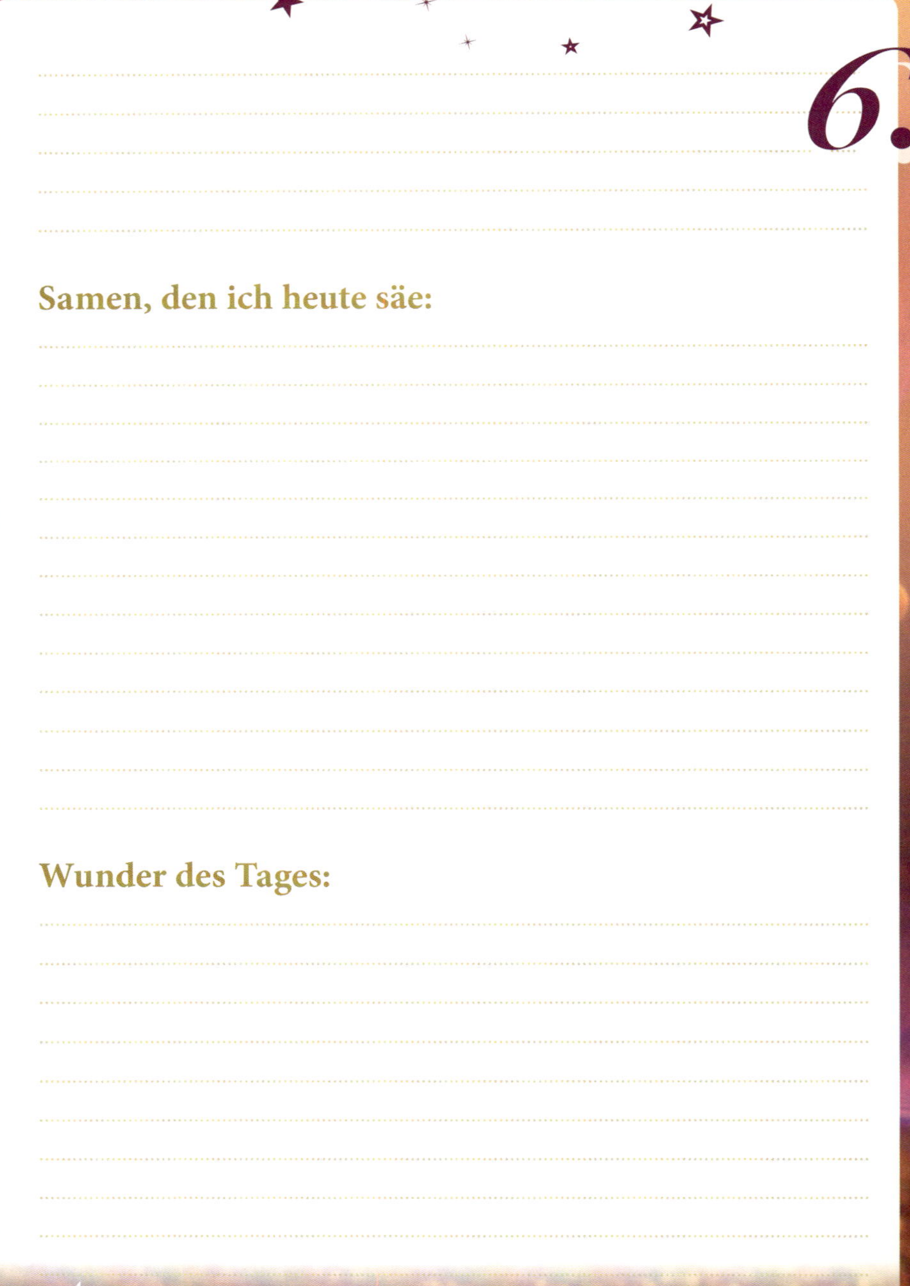

6.

Samen, den ich heute säe:

Wunder des Tages:

Sonstiges:

7. RAUHNACHT
30.12. / 31.12.

Heute trittst du über eine Schwelle, du gehst einen Torweg vom vergangenen Jahr in ein neues Jahr. Gehe bewusst über diese Schwelle. Schließe mit dem Alten ab, und heiße das Neue willkommen.

Vorbereitung auf Silvester:

* Räuchern von Haus und Hof
* Rote Unterwäsche zu tragen, verheißt glückliche Liebesstunden.
* Der Teller sollte leer gegessen werden, weil dies Geldsegen im neuen Jahr bringen soll.
* Orakeln – Wachs gießen, Runen ziehen …

31. Dezember
Silvester

Steht für den Monat: **Juli**
Namenstag: **Silvester**

Thema: **Vorbereitung auf das Kommende**

7. Rauhnacht

Besonderheiten:

(z. B. Mondstand in welchem Zeichen …)

Traumerinnerung – Meditation:

(z. B. durchgeschlafen; geträumt von … ; in der Meditation … erlebt)

7.

Tagesqualität:
(Wetter, Stimmung, Gefühl)

Tagesorakel:

Tagesereignisse:

(z. B. lange geschlafen, ausgiebig gefrühstückt, Gedanken, Impulse …)

Menschen, Tiere, Pflanzen, mit denen ich heute in Kontakt war:

(z. B. heute früh einen Nachbarn getroffen …)

Zeichen:

(Post, Symbole, Anrufe, innere Gedanken …)

Positive Impulse, negative Impulse:

7.

Samen, den ich heute säe:

Wunder des Tages:

Sonstiges:

7.

8. RAUHNACHT

31.12. / 1.1.

1. Januar
Neujahrstag

Steht für den Monat: **August**

Thema: **Geburt des neuen Jahres**

Heiße das neue Jahr willkommen!

Um 11 Uhr mitteleuropäischer Zeit rollt unsere Erde in Samoa in das neue Jahr ein, und morgen um 11 Uhr mittags feiert auch Honolulu, Hawaii. Dann ist das neue Jahr endgültig auf dieser Erde eingeläutet. Wir können in jeder Zeitzone mit unseren Seelengeschwistern feiern. Das neue Jahr beginnt im Paradies und kommt im Paradies an, dazwischen gibt es viel zu reinigen und zu erleben. Was möchte man mehr? In diesem Sinne feiert schön, lasst das alte Jahr gut ausklingen und rutscht gut rüber!

8. Rauhnacht

Besonderheiten:

(z. B. Mondstand in welchem Zeichen …)

Traumerinnerung – Meditation:

(z. B. unruhig geschlafen, geträumt von … ; in der Meditation … erlebt)

8.

Tagesqualität:

(Wetter, Stimmung, Gefühl)

Tagesorakel:

Tagesereignisse:

(z. B. lange im Bett geblieben, Gedanken, Impulse …)

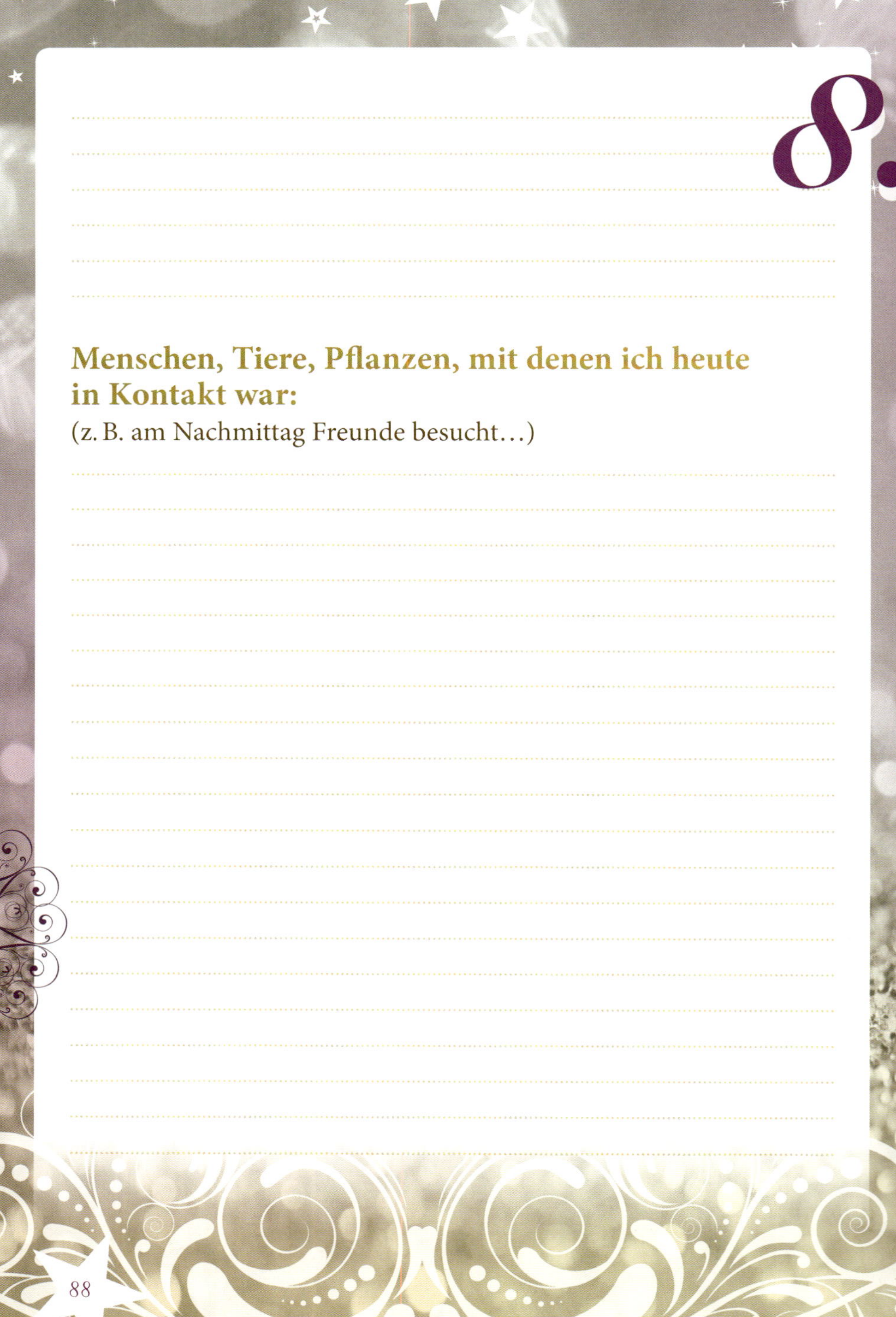

8.

Menschen, Tiere, Pflanzen, mit denen ich heute in Kontakt war:

(z. B. am Nachmittag Freunde besucht…)

Zeichen:

(Post, Symbole, Anrufe, innere Gedanken …)

Positive Impulse, negative Impulse:

Samen, den ich heute säe:

Wunder des Tages:

Sonstiges:

8.

9. RAUHNACHT

1.1. / 2.1.

2. Januar

Steht für den Monat: **September**

Namenstag:
Kenaz – hl. Katharina – Caspar

Thema: **Gold, Segenslicht**

Segne heute alles, was zu deinem Leben gehört: Vergangenheit, Gegenwart und Zukunft. Segne alles, womit du sichtbar und unsichtbar verbunden bist.

Heute ist der Tag der Rune Kenaz, die »Fackel« oder das »Licht«.

Im übertragenen Sinne steht diese Rune für Wissen und Weisheit, Räuchern und Segnen mit Weihrauch.

9.

9. Rauhnacht

Besonderheiten:

(z. B. Mondstand in welchem Zeichen …)

Traumerinnerung – Meditation:

(z. B. unruhig geschlafen, gefröstelt und gefroren; geträumt von … ; in der Meditation … erlebt)

Tagesqualität:
(Wetter, Stimmung, Gefühl)

9.

Tagesorakel:

Tagesereignisse:

(z. B. Anruf erhalten, Gedanken, Impulse …)

Menschen, Tiere, Pflanzen, mit denen ich heute in Kontakt war:

(z. B. heute eine Eule gesehen …)

Zeichen:

(Post, Symbole, Anrufe, innere Gedanken …)

9.

Positive Impulse, negative Impulse:

Samen, den ich heute säe:

9.

Wunder des Tages:

Sonstiges:

10. RAUHNACHT
2.1. / 3.1.

Bewegung, Entwicklung, Fortschritt, ewiges Leben, einatmend – ausatmend, freudig sich entfaltend

Beginne heute mit der Umsetzung deiner Wünsche. Was ist dein größter Wunsch? Lenke die Energie darauf.

3. Januar

Steht für den Monat: **Oktober**

Namenstag: **Ehwaz – Ambeth-Margarethe – Melchior**

Thema: **Weihrauch, Visionen, Eingebungen, Verbindung mit dem Göttlichen, Kessel der Fülle, Spirale des Lichtes**

10.

10. Rauhnacht

Besonderheiten:

(z. B. Mondstand in welchem Zeichen …)

Traumerinnerung – Meditation:

(z. B. gefröstelt und gefroren; geträumt von … ;
in der Meditation … erlebt)

Tagesqualität:
(Wetter, Stimmung, Gefühl)

Tagesorakel:

Tagesereignisse:

(z. B. wichtige Post erhalten, Gedanken, Impulse …)

10.

Menschen, Tiere, Pflanzen, mit denen ich heute in Kontakt war:

(z. B. heute durch einen Tannenwald spaziert …)

10.

Zeichen:

(Post, Symbole, Anrufe, innere Gedanken …)

Positive Impulse, negative Impulse:

Samen, den ich heute säe:

Wunder des Tages:

Sonstiges:

11. RAUHNACHT

3.1. / 4.1.

4. Januar

Steht für den Monat: **November**

Namenstag: **Berkana – Borbeth – Barbara – Balthasar**

Thema: **Loslassen, Abschied nehmen, Beschäftigung mit dem Tod,**

Jetzt ist es Zeit, loszulassen und Abschied zu nehmen. Vielleicht gab es Dinge, Ereignisse, Erlebnisse, Träume oder Wünsche in der Vergangenheit, die während der Rauhnächte tief in deiner Seele an dir nagten, dich immer noch beschäftigt haben und mit in das neue Jahr gerutscht sind. Jetzt ist der richtige Zeitpunkt, diese endgültig mit einem kleinen Loslassritual zu verabschieden und zu beerdigen. Welche Themen, welche Personen, geplatzten Träume, unerfüllten Wünsche können jetzt losgelassen werden, damit du unbeschwert weitergehen kannst?

11.

11. Rauhnacht

Besonderheiten:

(z. B. Mondstand in welchem Zeichen …)

Traumerinnerung – Meditation:

(z. B. Albtraum gehabt, gefröstelt; geträumt von …;
in der Meditation … erlebt)

Tagesqualität:
(Wetter, Stimmung, Gefühl)

Tagesorakel:

Tagesereignisse:

(z. B. mit dem Rad zur Arbeit gefahren, Gedanken, Impulse …)

11.

Menschen, Tiere, Pflanzen, mit denen ich heute in Kontakt war:

(z. B. heute eine neue Kollegin kennengelernt …)

Zeichen:

(Post, Symbole, Anrufe, innere Gedanken …)

Positive Impulse, negative Impulse:

Samen, den ich heute säe:

Wunder des Tages:

Sonstiges:

11.

12. RAUHNACHT

4.1. / 5.1.

Uns erwartet eine magische Nacht,

in der vieles erlebt und gewandelt werden kann. Ein letztes Mal wird das Schicksal betrachtet, entsprechend gehandelt und abgewogen, bevor sich das Tor nun endgültig schließt. Dinge, die in den vergangenen Rauhnächten nicht so gut gelaufen sind, können gewandelt werden.

5. Januar

»Die Nacht der Wunder«, »Hollanacht«, »Perchtnacht«, »Heilige drei Madl«, »Dreikönigsnacht«

Steht für den Monat: **Dezember**
Thema: **Räuchern und bereinigen**

12. Rauhnacht

Besonderheiten:

(z. B. Mondstand in welchem Zeichen …)

Traumerinnerung – Meditation:

(z. B. gut geschlafen, geträumt von …; in der Meditation … erlebt)

Tagesqualität:
(Wetter, Stimmung, Gefühl)

12.

Tagesorakel:

Tagesereignisse:

(z. B. Geschenk bekommen, Gedanken, Impulse …)

Menschen, Tiere, Pflanzen, mit denen ich heute in Kontakt war:

(z. B. heute einen Specht gesehen …)

12.

Zeichen:

(Symbole, Anrufe, innere Gedanken …)

Positive Impulse, negative Impulse:

Samen, den ich heute säe:

Wunder des Tages:

12.

Sonstiges:

Abschluss und Ausklang des Torweges

Fasse auf dieser Seite deine Rauhnächte abschließend zusammen, und formuliere dein Jahresmotto:

Worum geht es in diesem Jahr für mich?

Mein Jahresmotto für das Jahr .... ist:

Lasse noch einmal den Segen in alle Monate hineinströmen, und schließe dann dieses Büchlein.

ÜBER DIE AUTORIN

Jeanne Ruland

war Autorin, Wegbereiterin in die Neue Zeit, Engelmedium, Lehrerin und internationale Seminarleiterin. Sie unterrichtete Natur-, Engel-, Meister- und Strahlenlehre, Huna sowie die Lehre der Heiligen Geometrie. Sie bot außerdem internationale Reisen zu Kraftorten an. Ihr fundiertes Wissen und ihre langjährige Erfahrung in der Energiearbeit gab sie gern weiter, um zu erinnern und zu erwecken. Am 13. November 2021, einem Engeltag, ist Jeanne Ruland ins Licht gegangen. In ihren zahlreichen Werken bleiben ihr unglaubliches geistiges Erbe, ihre Vision einer besseren Welt und ihr außergewöhnliches Licht unvergessen. *www.shantila.de*

MIT JEANNE RULAND SEGENSREICH DURCH DIE RAUHNÄCHTE

Das Geheimnis der Rauhnächte

Ein Wegweiser durch die zwölf heiligen Nächte

112 Seiten

ISBN 978-3-89767-865-1

Auch als E-Book erhältlich:

ISBN 978-8434-6056-9

Rauhnächte

Vorbereitung und Segnung für das neue Jahr – 6 Meditationen – gesprochen von Jeanne Ruland

ca. 77 Minuten

ISBN 978-3-8434-8437-4

Mein Rauhnacht-Begleiter

Ein lichtvoller Begleiter durch die 12 Heiligen Nächte

200 Seiten

ISBN 978-3-8434-1247-6

Mein Rauhnacht-Orakel

Impulskarten für die 12 Heiligen Nächte

50 Karten mit Anleitung

ISBN 978-3-8434-9104-4

BILDNACHWEIS

Bilder von der Bilddatenbank www.shutterstock.com:
Hintergründe: #118724644 (© Vjom), #217310068 (© evka119), #54612004 (© Itana), #206636302 (© paprika), #247546312 (© Standret), #324009974 (© Feaspb), #22054108 (© Gordan), #329088422 (© MaLija), #87186739 (© Lukas Gojda), #144845362 (© Kanea), #231805087 (© tomertu), #66552280 (© Oksana Shufrych), #104139128 (© Susan McKenzie), #222421393 (© JBOY), #86106208 (Yellowj), #154526885 (Neteru), #161944154 (Ori Artiste), #239540797 (© tomertu), #65799910 (© Petr Jilek), #120289423 (© Melinda Nagy), #158166074 (© LilKar), #383451508 (© Nipol Plobmuang), #411254173 (ollen), #90349234 (Woodhouse), #395760370 (© DaneeShe), #168347642 (© tomertu), #116010511 (© Ladislav Berecz), #113138596 (© Ramona Heim)
Schmuckelemente: Borte: #349174877 (© TatianaKost49), Schneeflocken: #117867496 (© Banana Republic images), Schnörkel: #155497373 (© therealtakeone), Ranke: #148331588 (© All-about-Flowers), Sterne: #223418074 (© Atelier M), weihnachtliche Ornamente: #113982766 (© alicedaniel), Rahmen: #342407411 (© Magenta10)
Weitere Bilder: S. 1 #298809653 (© Shumo4ka), S. 2 #166626149 (© Sunny Forest), S. 4 #324009974 (© Feaspb), S. 5 #152917304 (© elegeyda), S. 10 #92746549 (© Petar Paunchev), S. 10 #86957992 (© foxaon1987), S. 12–13 #110922887 (© verevkin), S. 19 #397177582 (© Versta), S. 20/123 #358093826 (© Olonkho), S. 21/26 #90944174 (© Anna Om), S. 22 #122397196 (© yevgeniy11), S. 22 #711512212 (© Standret), S. 25 #221247004 (© Creative Travel Projects), S. 26 #304099886 (© Luminescence), S 26/45 #41991868 (© Oxa), S. 28 #234431521 (© Vilsone), S. 43 #170520977 (© Amy Johansson), S. 44 #83606635 (© miumi), S. 47 #365635862 (© Alik Mulikov), S. 49 #96254939 (© AlexussK), S. 49/72/91 #54718096 (© Rashevska Nataliia), S. 52 #245892304 (© Only background), S. 52/53/85 #337332749 (© NarongchaiHlaw), S. 53/56 #232117336 (© Vasmila), S. 54 #233873899 (© Smetana Natasha), S. 57 #82208440 (© Sofiaworld), S. 60 #131663540 (© Cora Mueller), S. 62 #76518859 (© Kudryashka), S. 63 #44388136 (© Kevin Kozick), S. 65 #320188736 (© Romolo Tavani), S. 72 #197758043 (© MANDY GODBEHEAR), S. 72/74 #155347775 (© kalmil), S. 91 #665533393 (© scope96), S. 93/96 #370244933 (© Marble background), S. 96 #94350877 (© block23), S. 97 #241601656 (© yanikap), S. 99 #167753741 (© yanikap), S. 103 #41202976 (© Khomulo Anna), S. 112 #287308358 (© muratart), S. 115 #559121554 (© Stone36), S. 123 #358093826 (© Olonkho), S. 126 #284896424 (© Valentin Valkov)